ANIMALES PRESA

Los pulpos

SANDRA MARKLE

EDICIONES LERNER / MINNEAPOLIS

El mundo está lleno de

PRESAS.

Las presas son los animales que los depredadores comen. Los depredadores deben buscar, atrapar, matar y comer otros animales para sobrevivir. Pero no siempre es fácil atrapar o matar a las presas. Algunas tienen ojos en los costados de la cabeza para poder ver a los depredadores que se aproximen en cualquier dirección. Otras son de colores para poder camuflarse y esconderse. Algunas presas pueden correr, saltar, volar o nadar rápido para escaparse. Y otras incluso pueden picar, morder o utilizar sustancias químicas para defenderse. Los pulpos viven en arrecifes de coral superficiales y en las frías y oscuras profundidades de los océanos. *Todos están equipados para defenderse de sus enemigos. Este pulpo sureño con ojos de estrella puede esconderse a la vista de todos.*

Es una tarde de verano en el sur de California. El pálido resplandor del atardecer se filtra hasta el fondo del mar. Allí, en su guarida entre rocas, vive una hembra de pulpo gigante del Pacífico. Está lista para buscar comida. Los pulpos son depredadores. Pero también son presas de animales marinos como los tiburones, las focas y los delfines.

Primero, el pulpo hembra vigila que no haya enemigos acechando cerca. Luego, asoma sus ocho largos brazos, llamados tentáculos. Cada tentáculo tiene dos hileras de ventosas con forma de anillo y llenas de sensores. Estas ventosas le ayudan a sujetarse a las superficies. Los sensores le permiten sentir las corrientes de agua y saborear señales de sustancias químicas de posibles depredadores cercanos.

Si siente que no hay peligro, sale de la guarida arrastrándose. Contrae unos músculos para que por una abertura entre agua y llene su cuerpo con forma de bolsa. El cuerpo no tiene un esqueleto duro, por lo que el agua lo infla como un globo. Luego, contrae otros músculos para expulsar el agua por su embudo. Puede apuntar este embudo con forma de manguera hacia cualquier dirección.

Levanta los tentáculos para que el agua pueda sostenerle el cuerpo. Luego apunta para expulsar el agua hacia atrás. Esto la impulsa hacia adelante.

El pulpo gigante tiene dos ojos grandes y puede ver muy bien. Mientras nada, vigila. Incluso cuando se detiene para descansar, observa a su alrededor para ver si hay presas y depredadores.

Unas partículas de arena se levantan como una nube de polvo. Esto le avisa al pulpo que un cangrejo se arrastra en el fondo del mar. El pulpo extiende sus tentáculos como una red y se deja caer al suelo para envolver al cangrejo. Con las ventosas, saborea la presa. De esa forma, se asegura de que sea algo que quiere comer.

El cangrejo lucha, pero el pulpo hembra lo sujeta con las ventosas. Luego, hace un agujero en el caparazón del cangrejo con su rádula, una lengua cubierta de pequeños dientes. Después, usa la rádula para inyectar saliva en el cangrejo. La saliva de la mayoría de los pulpos tiene un veneno que paraliza a la presa. Una vez que el cangrejo se ha rendido, el pulpo gigante del Pacífico utiliza sus tentáculos para llevarlo a su guarida. Allí, a salvo de los depredadores, extrae toda la carne del cangrejo y lanza el caparazón a la pila de basura fuera de su guarida.

En su camino a casa con la presa, el pulpo hembra ve una foca. Este hambriento depredador que está buscando comida nada directamente hacia ella.

El pulpo suelta al cangrejo, llena su cuerpo de agua y rápidamente contrae los músculos. Expulsa el agua para alejarse rápidamente, pero queda fuera del alcance de la foca sólo un momento. El depredador todavía la persigue.

Los pulpos son por naturaleza expertos en escaparse, y es hora de que el pulpo hembra use otro de sus trucos. Lanza un chorro de tinta. La tinta de los pulpos es una mezcla de un líquido oscuro y mucosidad. La tinta se produce y se almacena en un saco que está cerca de la parte final del aparato digestivo del animal. Cuando el pulpo está listo para lanzar la tinta, el cerebro envía una señal a este saco para verter la tinta en la parte final del tubo digestivo. Entonces, el próximo chorro de agua expulsará la tinta. El líquido oscuro se pega a las gotitas de mucosidad, creando una nube densa, oscura y espesa. Cuando la foca investiga la nube de tinta, el pulpo gigante del Pacífico ya ha desaparecido.

En realidad, el pulpo no ha desaparecido. Está en el fondo del mar, en donde se camufla con el entorno. La piel del pulpo está cubierta con células de colores especiales llamadas cromatóforos. Cada cromatóforo es como un globo lleno de pintura rodeado de músculos. Cuando los músculos se relajan, el saco de color se hace pequeño. Pero cuando se contraen, el saco de color se expande. El cerebro del pulpo controla qué sacos se mantienen pequeños y cuáles se expanden, y crea un efecto para que el animal se camufle con su entorno. Para mejorar su disfraz, los músculos del pulpo se pliegan y forman protuberancias en la piel, que generalmente es lisa.

El pulpo gigante del
Pacífico es bueno para
cambiar su apariencia. Pero el
pulpo mimo de Indonesia es un maestro en
este arte. En los arrecifes de coral donde vive, el pulpo mimo cambia la
forma del cuerpo para parecerse a algo que un depredador no atacaría. Por
ejemplo, puede cambiar la forma de los tentáculos y el cuerpo para parecer
una raya venenosa, incluso con cola larga y púa en la punta.

O puede meter seis tentáculos en un agujero y estirar los otros dos de manera que parezca una serpiente de mar rayada venenosa.

El pulpo de quilla sureño vive en aguas poco profundas de las costas de Australia y Nueva Zelanda. Este pulpo utiliza un método diferente para esconderse de sus depredadores: se entierra.

El pulpo entierra profundamente los tentáculos en la arena y empuja el cuerpo hacia abajo sobre ellos. Una vez enterrado, el animal asoma uno de sus grandes ojos, o los dos. Luego se queda quieto y vigila hasta que el depredador se vaya y ya no haya peligro.

El pulpo de anillos azules vive en las aguas cálidas y poco profundas, entre Australia y Japón. Este pulpo no trata de escaparse ni esconderse de los depredadores. Su piel se vuelve de color amarillo y negro brillante. Los anillos azul intenso hacen que este pulpo pequeño llame la atención. Con los tentáculos expandidos, es más pequeño que la mano de un niño. Pero su saliva está cargada de veneno. Los colores brillantes son una alarma que indica a los depredadores que no se acerquen.

Al igual que otros pulpos, la saliva del pulpo de anillos azules tiene una sustancia química paralizante. Por lo general, la presa del pulpo de anillos azules es un cangrejo más grande que él, y por eso, la sustancia química de su saliva debe ser muy fuerte. De hecho, algunos humanos han muerto por la mordedura de uno de estos pequeños pulpos.

El pulpo de anillos azules usa sus colores para advertir a los depredadores, pero quiere pasar desapercibido cuando busca sus propias presas. Cuando caza, cambia el color de la piel para camuflarse con el entorno.

El pulpo de brazos largos rayado también vive en las cálidas aguas costeras de Australia. Tiene otra forma especial de escaparse de los depredadores. Cuando el pulpo de brazos largos rayado es atacado, desprende alguno o varios de sus ocho largos tentáculos. Cada tentáculo tiene una sección débil cerca del cuerpo de donde puede desprenderse. Los tentáculos del pulpo tienen muchos nervios que controlan el movimiento, por lo que una vez desprendido, sigue moviéndose. Incluso las ventosas siguen funcionando cuando el depredador ataca. Mientras el depredador atrapa y mastica el tentáculo descartado, el pulpo tiene tiempo para nadar hasta un lugar seguro.

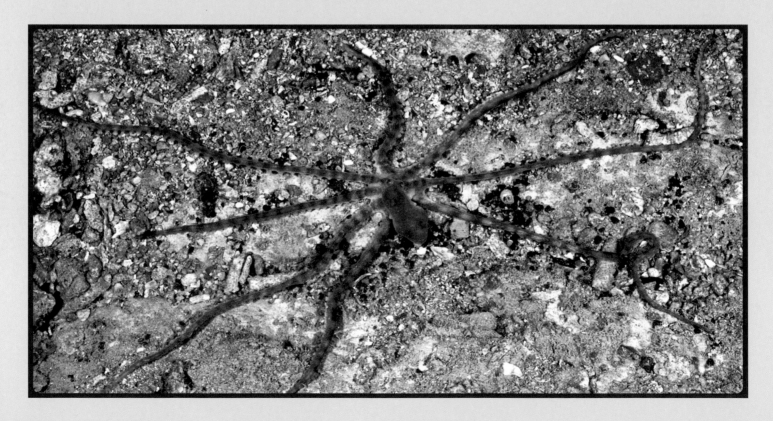

Sin embargo, el tentáculo no se perdió para siempre. Alrededor de unas seis semanas después crecerá un nuevo tentáculo.

La mayoría de los pulpos viven en el fondo del mar. Pero el pulpo cristal pasa la mayor parte de su vida a profundidad media. Esta es la parte del océano entre la superficie y el fondo. Con un ancho apenas similar al de un plato, un pulpo cristal es el bocado ideal para peces, tiburones pequeños, calamares y focas. Afortunadamente, tiene una defensa especial para evitar a los depredadores. Este pulpo es transparente. Y su cerebro, ojos y glándula digestiva (sus principales partes sólidas) son tan pequeñas que resultan difíciles de ver para los depredadores. La hembra, incluso, pone huevos transparentes. Para proteger a las crías en desarrollo, la hembra lleva la nidada junto con ella y la protege debajo de sus tentáculos, que forman una sombrilla.

Cuando el pulpo gigante del Pacífico hembra tiene unos tres años, se aparea y pone huevos (unos cien mil). Los huevos son del tamaño de un grano de arroz. La hembra los pone juntos en racimos largos. Luego, usa los tentáculos para fijar estos racimos al techo y las paredes de su guarida de crianza. Desde ese momento, nunca deja solas a las crías en desarrollo. Se mantiene alerta, lista para atacar a cualquier pez, anguila o cangrejo que trate de entrar en la guarida para comerse los huevos.

Para cuidar la nidada, sopla agua con mucho oxígeno desde su embudo sobre los huevos. El oxígeno del agua atraviesa la cáscara blanda de los huevos y llega a las crías en desarrollo que están dentro. Estas necesitan oxígeno para vivir y crecer. Además, la hembra a menudo frota los racimos de huevos. Usa las ventosas para limpiar y quitar las bacterias o algas que puedan crecer sobre ellos.

Las crías del pulpo gigante del Pacífico tarda casi seis meses en desarrollarse. Viven en el saco vitelino (la comida almacenada) dentro de los huevos. Cuando están listas para nacer, la madre sopla con fuerza sobre los huevos y los sacude bruscamente con los tentáculos. Esto ayuda a romper la cáscara de los huevos. Sin ninguna ayuda, las crías salen de inmediato al agua y nadan hacia la superficie del océano. En el camino, los peces, las anguilas, los calamares y las medusas se comen a muchos de ellos.

Las crías que sobreviven flotan entre el plancton, animalitos microscópicos que viven cerca de la superficie del agua. La capa de plancton es también un lugar de crianza para las crías de cangrejos, medusas y otros animales marinos. Las crías de pulpos comen todo lo que puedan atrapar y dominar. Y tratan de evitar que otros depredadores las atrapen y se las coman.

Esta madre pulpo gigante del Pacífico no ha comido durante todos los meses que ha estado protegiendo y cuidado de sus crías en desarrollo. Después de que la nidada abandona la guarida, la madre se arrastra hacia afuera y pronto muere. Las estrellas de mar girasol descubren el cuerpo. Poco a poco, se comen la mayor parte del pulpo muerto. Los cangrejos acaban con los restos. Estos animales son carroñeros, integrantes de la patrulla de limpieza del fondo del océano.

En pocas semanas, las crías de pulpo alcanzan el tamaño del pulgar de un humano adulto. Entonces, regresan al fondo del océano. Los depredadores como este coral anaranjado de copa atrapan y se comen a muchos de estos pulpos jóvenes. Pero, aquellos que se vuelven expertos en utilizar sus habilidades naturales para esconderse y escaparse sobreviven.

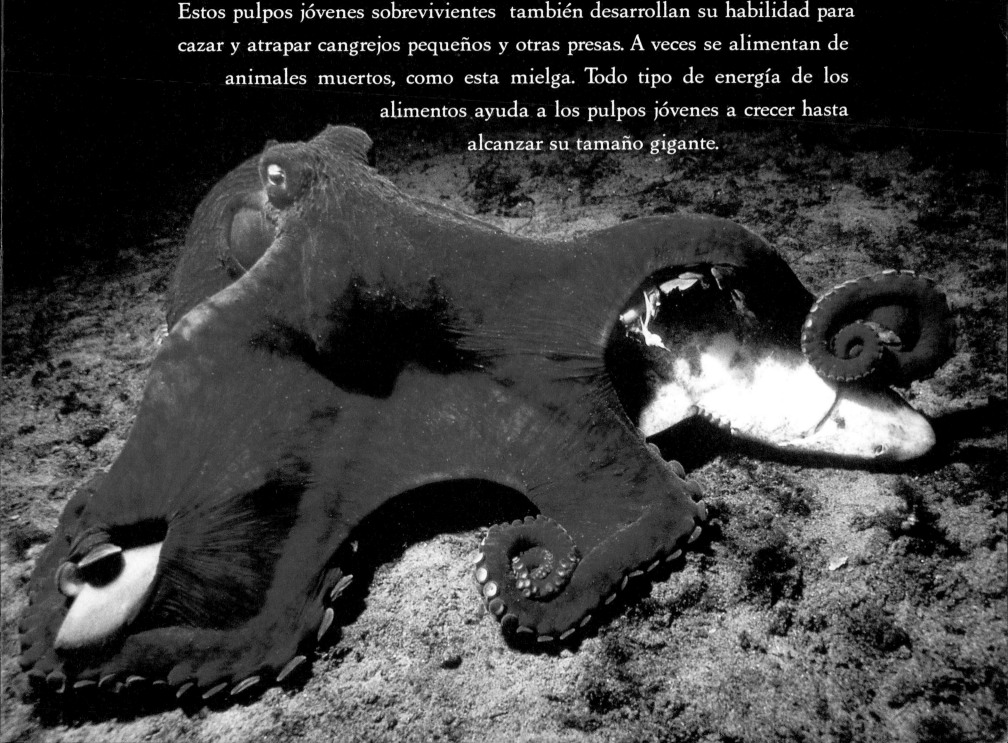

Estos pulpos jóvenes sobrevivientes también desarrollan su habilidad para cazar y atrapar cangrejos pequeños y otras presas. A veces se alimentan de animales muertos, como esta mielga. Todo tipo de energía de los alimentos ayuda a los pulpos jóvenes a crecer hasta alcanzar su tamaño gigante.

Estos pulpos gigantes del Pacífico, macho y hembra, tienen alredor de tres años. Están listos para reproducirse. La hembra es más grande que el macho, pues necesita un cuerpo grande para poder albergar todos los huevos que pondrá. El macho usa uno de sus tentáculos para transferir un paquete de esperma, o células reproductivas masculinas, al interior del cuerpo de la hembra. Esta puede almacenar el esperma durante meses antes de estar lista para poner huevos y cuidar de ellos.

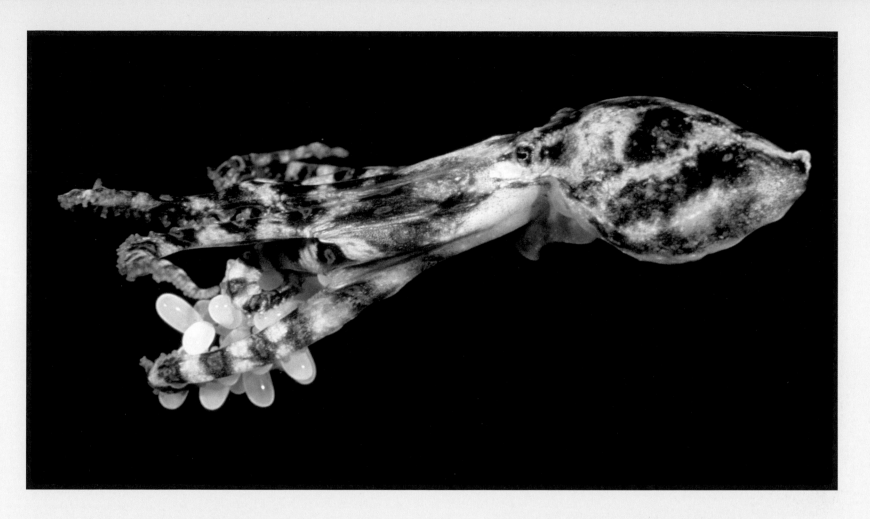

La mayoría de las madres pulpo cuidan sus huevos en guaridas. Algunas, como los pulpos cristal hembra y este pulpo de anillos azules, llevan sus huevos junto con ellas. Todas las madres pulpo cuidan sus huevos y tratan de proteger a las crías en desarrollo de los depredadores hasta que estas nacen. Luego, otra generación de pulpos se unirá al ciclo de vida, una lucha constante por sobrevivir entre depredadores y presas.

Retrospectiva

- Observa con atención el pulpo de la página 3. Mira cómo usa las ventosas de los tentáculos para sujetarse y desplazarse en el fondo del océano.

- Observa el pulpo en la página 5. ¿Por qué este lugar tan pequeño es un buen sitio para vivir?

- Vuelve a mirar a los pulpos del libro y observa de qué manera sacan ventaja de no tener un esqueleto de huesos. Imagina cómo te moverías si no tuvieras un esqueleto duro.

- Compara la cría de pulpo gigante del Pacífico que aparece en la página 30 con el adulto de la página 35. ¿En qué se parece la cría al adulto? ¿En qué se diferencia?

Glosario

ALGAS (LAS): plantas diminutas que muchas veces sólo pueden verse con un microscopio

BACTERIAS (LAS): diminutos organismos unicelulares que pueden causar enfermedades

CARROÑERO (EL): animal que se alimenta de animales muertos

CROMATÓFORO (EL): célula que contiene un pigmento colorido que cambia el color de la piel del pulpo

DEPREDADOR (EL): animal que caza y se alimenta de otros animales para sobrevivir

EMBUDO (EL): parte del cuerpo que expulsa agua para impulsar al pulpo de un lado a otro. La tinta, los desechos, los huevos de las hembras y el esperma masculino también se expulsan a través del embudo.

ESPERMA (EL): célula reproductiva masculina. Cuando el esperma se une con el huevo, se desarrolla una cría de pulpo.

HUEVO (EL): célula reproductiva femenina, que se desarrollará y se convertirá en cría de pulpo

PLANCTON (EL): plantas y animales diminutos que flotan en la superficie del agua

PRESA (LA): animal que un depredador caza para comer

RÁDULA (LA): parte del cuerpo de los pulpos que parece una lengua y está cubierta de dientes

TENTÁCULO (EL): una de las ocho partes musculares y flexibles que tienen los pulpos y que usan para moverse, atrapar alimento y reproducirse

TINTA (LA): líquido oscuro que se produce y se almacena en un saco especial y se expulsa por el embudo para confundir a los depredadores

VENTOSA (LA): estructura con forma de copa que se encuentra en los tentáculos y succiona para atrapar a las presas, ayudar al pulpo a arrastrarse y defenderse. Las ventosas también tienen sensores de tacto y gusto.

Información adicional

LIBROS

Cerullo, Mary M. *The Octopus: Phantom of the Sea.* Nueva York: Dutton, 1997. Es una introducción al comportamiento y la inteligencia de los pulpos.

Wallace, Karen. *Gentle Giant Octopus.* Cambridge, MA: Candlewick Press, 2002. Este libro para lectores jóvenes describe la vida de un pulpo gigante hembra, a medida que encuentra alimento, escapa de depredadores y luego cuida de sus huevos hasta que nacen las crías.

VIDEOS

The Fascinating Underwater World of Octopus: Giant of the Deep. Walnut Creek, CA: Diamond Entertainment, 2003. Este video es un drama real sobre la vida de un pulpo.

The Under Sea World of Jacques Cousteau,Octopus Los Angeles: Universal Studios, 1989. Este video estudia la vida del pulpo en su mundo marino.

SITIOS WEB

Exciting Cephalopods
http://www.earlham.edu/~merkeka/exciting_cephalopods.htm
Más información sobre los pulpos y sus parientes más cercanos.

Giant Pacific Octopus Exhibit
http://www.monticello.org/
Realiza una visita virtual por la exhibición de pulpos gigantes del Pacífico del Monterey Bay Aquarium. No te pierdas el video de la hora de comer.

Índice

Con amor, a Don y Trish Ferguson

La autora desea agradecer a las siguientes personas por compartir su experiencia y entusiasmo: Dr. Mark Norman, curador de moluscos, Museo de Victoria, Australia; Dr. Clyde Roper, Departmento de Zoología de Invertebrados, Museo Nacional de Historia Natural, Instituto Smithsoniano, Washington, D.C.; y Dr. David Scheele, biólogo marino del Departamento de Ciencias Ambientales, Alaska Pacific University, Anchorage, Alaska. La autora desea expresar también un agradecimiento especial a Skip Jeffery por su ayuda y apoyo durante el proceso creativo.

Agradecimiento de fotografías

Las imágenes presentes en este libro se utilizan con autorización de: © Fred Bavendam, págs. 1, 5, 7, 9, 10, 29, 30, 35, 36; © Mark Norman, págs. 3, 23, 24, 25; © Jeffrey L. Rotman/CORBIS, págs. 6, 13, 34; © Rodger Jackman/Oxford Scientific Films/ Jupiter Images, pág. 8; © Brandon D. Cole/CORBIS, pág. 12; © Fred Bavendam/Minden Pictures, pág. 14; © Bob Cranston/SeaPics.com, pág. 17; © Roger Steene, págs. 18, 19; © John C. Lewis/SeaPics.com, págs. 20, 21; © Ron & Valerie Taylor/SeaPics.com, pág. 22; © Richard E. Young, pág. 27; © Stuart Westmorland/CORBIS, pág. 33; © David Hall/SeaPics.com, pág. 37. Portada: © Rodger Jackman/ Oxford Scientific Films/ Jupiter Images.

Traducción al español: copyright © 2009 por Lerner Publishing Group, Inc.
Título original: *Octopuses*
Copyright del texto: © 2007 por Sandra Markle

La edición en español fue realizada por un equipo de traductores hablantes nativos del español de translations.com, empresa mundial dedicada a la traducción.

ediciones Lerner
Una división de Lerner Publishing Group, Inc.
241 First Avenue North
Minneapolis, MN 55401 EUA

Dirección de Internet: www.lernerbooks.com

Library of Congress Cataloging-in-Publication Data

Markle, Sandra.
  [Octopuses. Spanish]
  Los pulpos / por Sandra Markle.
    p.   cm. — (Animales presa)
  Includes bibliographical references and index.
  ISBN-13: 978−0−7613−3898−7 (lib. bdg. : alk. paper)
  1. Octopuses—Juvenile literature. I. Title.
QL430.3.O2M37318 2009
594′56—dc22   2007052651

Fabricado en los Estados Unidos de América
1 2 3 4 5 6 − DP − 14 13 12 11 10 09